Balade le long des Falaises des Vaches Noires

François Collin

Balade le long des falaises des Vaches Noires

Un site paysager et scientifique exceptionnel classé « Zone naturelle d'intérêt écologique, faunistique et floristique » riche en fossiles.

Introduction

Les Falaises des Vaches Noires constituent un site paysager et scientifique exceptionnel, tant pour leur aspect original que pour leur richesse en fossiles. L'histoire des découvertes qui y ont été faites commence au XVIII° siècle avec les récits de l'abbé Jacques-François Dicquemare (1733-1789), du Havre. Elles offrent un but de promenade particulièrement plaisant et un lieu d'observation riche en curiosités naturelles.

« La nature est une mine de merveilles,[…],et toutes les fois qu'on y met tant soit peu le nez, on est étonné de ce qu'elle nous révèle. » (George Sand « Les Ailes du courage »)

Toutes les photos présentées dans ce livre montrent des fossiles qu'il est possible de trouver au pied des falaises des Vaches Noires.

C'est en longeant le bas des falaises, sur la plage, à marée basse, que la vue sera la plus intéressante. Le chemin qui passe en haut de la Falaise est éloigné du bord et ne permet pas de contempler la partie pittoresque.

Il conviendra de s'enquérir, avant le départ, de l'heure des marées et de son coefficient : par vives eaux, la mer lorsqu'elle est haute supprime le passage le long de la falaise.

Ce guide est une courte présentation à destination des promeneurs. Pour aller plus loin dans la connaissance des fossiles, il existe des ouvrages spécialisés.

Table des matières

Le site des Vaches noires sur la côte normande

Situation géographique

Les falaises des Vaches Noires sont situées sur la côte normande ; elles s'étendent sur 5 km environ entre Houlgate et Villers-sur-Mer, au bas d'Auberville. Elles culminent à 110 mètres de hauteur.

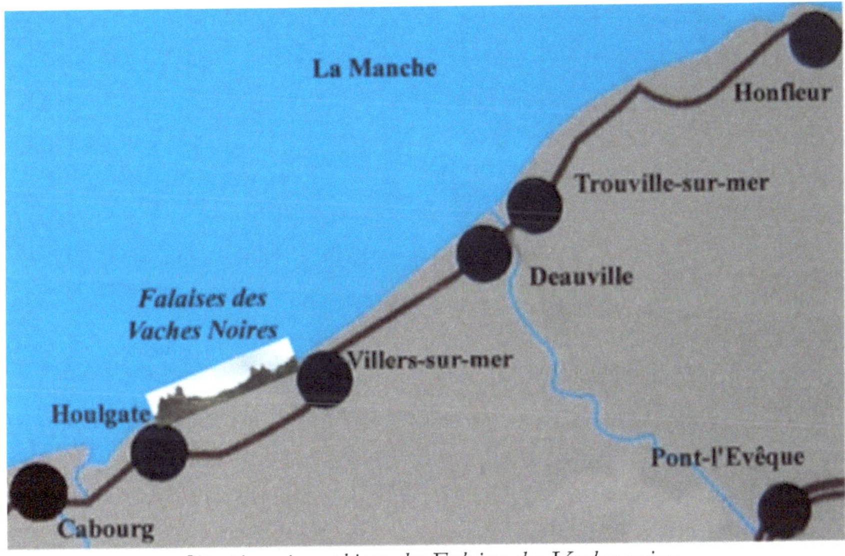

Situation géographique des Falaises des Vaches noires

Des blocs de calcaire recouverts d'algues tombés de la falaise constituent un amer remarquable, un point de repère fixe et identifiable sans ambiguïté ; ils font penser de loin à un troupeau de vaches noires d'où le nom des falaises.

L'accès des falaises, site classé, est interdit afin d'assurer sa préservation et la sécurité des visiteurs.

Formation des Falaises des Vaches Noires

La mer a recouvert la Normandie dans les temps anciens. Des restes appartenant à des animaux, par exemple des coquilles d'huîtres, des carapaces de crustacés, des parties du corps de reptiles marins et des végétaux, des squelettes et des fragments d'organismes animaux et végétaux sont tombés au fond de la mer. Des sédiments composés de sables, vases, débris rocheux, se sont aussi déposés au fond de la mer, ensevelissant les restes d'animaux et de végétaux qui se sont ainsi conservés sous forme de fossiles. Au cours des siècles, voir des millénaires, ces sédiments sont devenus des roches. Les mouvements de la croûte terrestre ont entraîné l'élévation des terrains et formé le relief actuel.

Les falaises sont constituées d'une succession de dépôts marins de nature sédimentaire qui se sont déposées il y a environ 150 millions d'années, pendant la période jurassique de l'ère secondaire. A l'origine, vases et sables se sont déposés à l'horizontal, les uns au-dessus des autres, reflétant ainsi une succession dans le temps : toute couche superposée à une autre est plus récente que celle qu'elle recouvre. Les couches les plus anciennes sont visibles au niveau de la mer et les plus récentes au sommet des Falaises.

Structure des Falaises

La succession des couches sédimentaires calcaires et argileuses comprend deux ensembles d'âges différents :

- la falaise inférieure, de couleur sombre est datée de la période Jurassique du Mésozoïque ou ère Secondaire (Callovien supérieur et Oxfordien inférieur et moyen) ; elle est essentiellement composée de marnes grises. A l'époque, la région était recouverte d'une mer peu profonde sous un climat de type tropical.

C'est ce qui explique la présence de coraux et d'animaux marins analogues à la faune tropicale actuelle.

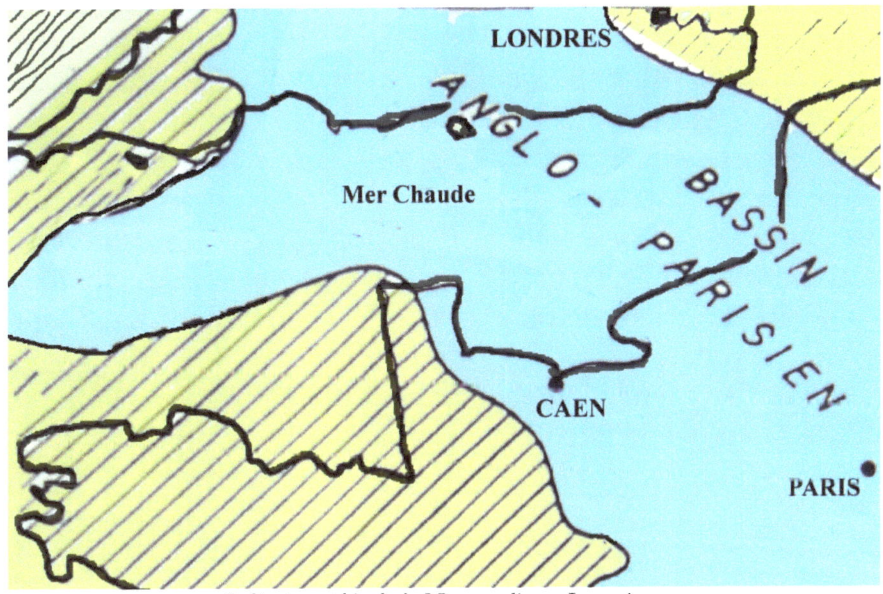

Paléogéographie de la Normandie au Jurassique

Cette première falaise frontale est surmontée en arrière vers l'intérieur des terres par une seconde falaise blanchâtre, séparée de la première par une étroite bande humide et broussailleuse. Les sources s'écoulent de ce niveau.

- la falaise supérieure de couleur claire, un peu en retrait est datée de la période Crétacé (Aptien-Albien et Cénomanien principalement) du Mésozoïque. Elle comporte d'énormes panneaux de craie. Elle a livré de nombreuses éponges de formes variées, des mollusques, des oursins, des dents de requins et des restes de reptiles marins.

Tracé du relief

Le relief est sculpté par deux phénomènes naturels :
- l'action des eaux en provenance du plateau supérieur creuse des couloirs séparant chaque arête. Une importante nappe d'eau se trouve piégée au-dessus dans les calcaires perméables surmontant les argiles imperméables de la falaise supérieure. Après de fortes pluies, le trop plein d'eau piégée dans cette nappe s'écoule par la base de la falaise supérieure donnant ainsi naissance à des sources. Ces sources sapent la base de la falaise et provoquent la chute d'énormes blocs de craie du Crétacé qui s'écroulent sur la partie inférieure. Les petits ruisseaux intermittents qui apparaissent lors de grandes pluies entraînent des coulées de boues des terrains jurassiques jusqu'à la mer. Ce mode d'érosion des falaises permet d'accumuler au niveau de la fausse terrasse des fossiles contenus dans l'ensemble des couches, expliquant ainsi leur grande diversité.
-l'action des vagues lors des grandes marées ou des tempêtes érode peu à peu la fausse terrasse et plus rarement le bas de la falaise.

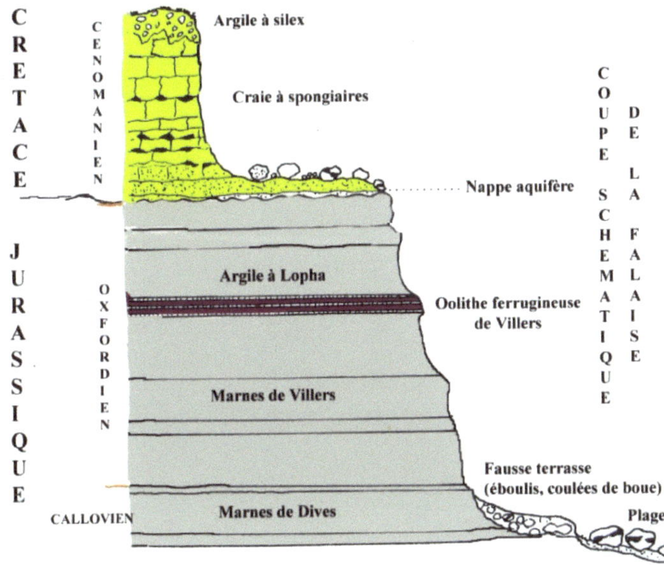

Coupe de la Falaise des Vaches Noires (d'après M. Rioult, 1978)

Les gros blocs de craie éboulés sur la plage, couverts d'algues et de coquillages évoquent de loin un troupeau de vaches paissant tranquillement sur la plage, d'où le nom des Falaises des Vaches Noires. Ils se sont éboulés il y a environ 10 000 ans et sont remodelés sans cesse par les vagues.

La falaise autrefois attaquée directement par les vagues à plusieurs endroits se trouve peu à peu protégée par les coulées de boue et de pierre qui forment à son pied une fausse terrasse.

On peut distinguer une bande de couleur rougeatre ; il s'agit de l'Oolithe ferrugineuse de Villers dans laquelle sont dispersées des oolithes ferrugineuses.

Les oolithes sont de petites concrétions minérales sphériques ferrugineuses (hydroxyde de fer) de très petite taille (environ 1mm de diamètre) plus ou moins englobées dans le calcaire.

Protection du site

Le site des Falaises des Vaches Noires a été classé le 20 février 1995 – site d'intérêt paysager et scientifique -selon la loi du 2 mai 1930 sur la protection des monuments naturels. Le classement d'un site a pour objet d'imposer le maintien des lieux dans leur état et d'interdire toute modification.

Environnement

Au pied de la falaise s'étend une vaste plage dont les laisses de mer successives, constituées de coquilles, d'algues arrachées au fond de la mer et de débris d'origines variées amenés par chaque marée, zèbrent la surface. Cette plage au relief changeant au gré des marées, des courants et des tempêtes présente un intérêt sans cesse renouvelé pour le promeneur.

Les sables de cette plage sont parsemés de nombreux débris de coquillages marins ; ils sont brassés à chaque marée par les vagues et le courant qui dessinent des rides à sa surface.

D'innombrables êtres vivants habitent dans le sable ; leur activité se manifeste par des trous et des traces. Un grand nombre d'oiseaux vivent à proximité du rivage. Les plus nombreux sont les goélands et les mouettes, sédentaires, ils peuvent être observés toute l'année.

Goéland juvénile

Mouette rieuse

La mer dépose sur le littoral au gré du flux et du reflux des marées et des vagues des débris naturels d'origine végétale et animale sous forme de bande plus ou moins épaisse : il s'agit de la laisse de mer.
De nombreux animaux y vivent et la consomment.

Laisse de mer

La végétation qui colonise les falaises est caractéristique des zones tempérées soumises aux vents marins.

Des argousiers, arbrisseaux épineux qui forment des buissons quasiment impénétrables, refuges des lapins et des sangliers sont nombreux ; ses fruits, des baies orangées s'installent en masses compactes sur les branches.

Des prêles, avec leurs tiges vertes, étaient déjà représentées à la fin du Paléozoïque ou ère Primaire sont nombreuses.

Argousier avec ses baies

Prêle dans une zone humide de la falaise

Les Marées

Le passage le long des Falaises des Vaches Noires est impossible par marée haute de fort coefficient. Il convient donc de s'informer de l'heure des marées et de leur intensité qui changent chaque jour.

La marée est le mouvement d'oscillation périodique de la mer dont le niveau monte et descend alternativement en un même lieu ; c'est un effet de l'attraction gravitationnelle de la Lune et du Soleil sur les océans ; la marée que l'on observe est donc à la fois d'origine lunaire et solaire.

L'eau monte environ pendant six heures, c'est la marée montante puis redescend pendant environ six heures, c'est la marée descendante. Il se produit quatre marées par 24 heures. L'heure de la marée se décale d'environ 50 minutes tous les jours.

Toutes les semaines environ, la marée alterne de forts coefficients et des faibles. Cet effet est dû à la combinaison des marées lunaires et des marées solaires. Lorsqu'elles s'ajoutent, l'intensité des marées sera forte, c'est la période des vives eaux ou marée à fort coefficient. Pendant les mortes eaux ou marée à faible coefficient, l'action de la Lune est contrariée par celle du Soleil.

La différence de niveau entre la pleine mer et la basse mer est de l'ordre de 5 mètres lors des mortes eaux et de 10 mètres lors des grandes marées.

Les temps géologiques

Pour faciliter les opérations de datation et par exemple classer les fossiles dans le temps, une échelle des époques géologiques a été créée en fonction des principaux évènements qui les ont marquées.

Le tableau stratigraphique joint donne la durée de chaque période géologique et son âge ; les périodes sont groupées en ère.

Précambrien (-4,6 milliards à –541 millions d'années)

Le Précambrien correspond à la durée qui s'est écoulée entre le durcissement de la croûte terrestre et le début de l'ère Primaire. Bien que la vie soit antérieure au Primaire, les fossiles du Précambrien sont très rares.

Paléozoïque ou ère Primaire (-541 à –252 millions d'années)

Au début de l'ère primaire, la vie marine se développe dans des formes de plus en plus variées : Algues, Végétaux terrestres, Mollusques, Echinodermes. Les premiers reptiles pondent leurs œufs au sec.

Le Carbonifère (-358 à -298 millions d'années) est la période de la formation du charbon et de la Pangée.

Mésozoïque ou ère Secondaire (- 252 à –66 millions d'années)

Elle est presque deux fois plus courte que l'ère Primaire.

A cette époque apparaissent les papillons qui butinent, les plantes à fleurs, les fourmis, les grenouilles et les crapauds. C'est l'ère de l'apogée des reptiles, souvent de taille colossale et d'extraordinaires variétés : les Dinosaures.

Le Jurassique est caractérisé par l'apparition des oiseaux et des premiers mammifères sur terre et, dans les mers, de nombreux Céphalopodes, des Ammonites et des Oursins. A la fin du Crétacé s'éteignent les dinosaures, reptiles marins et volants, ammonites, rudistes, nombreux organismes planctoniques…

Cénozoïque ou ère Tertiaire (-66 à –2,58 millions d'années) et ère Quaternaire (-2,58 millions d'années à aujourd'hui)

Les animaux et les plantes apparues au Tertiaire ancien ressemblent à ceux de nos jours. Le Tertiaire voit le développement de nouveaux animaux : des poissons et des oiseaux, les mammifères sont en pleine expansion et la flore se diversifie. Cette ère est celle des mammifères qui prennent, sur la terre ferme, la place occupée jadis par les reptiles.
Le Quaternaire est caractérisé par l'apparition de l'homme.

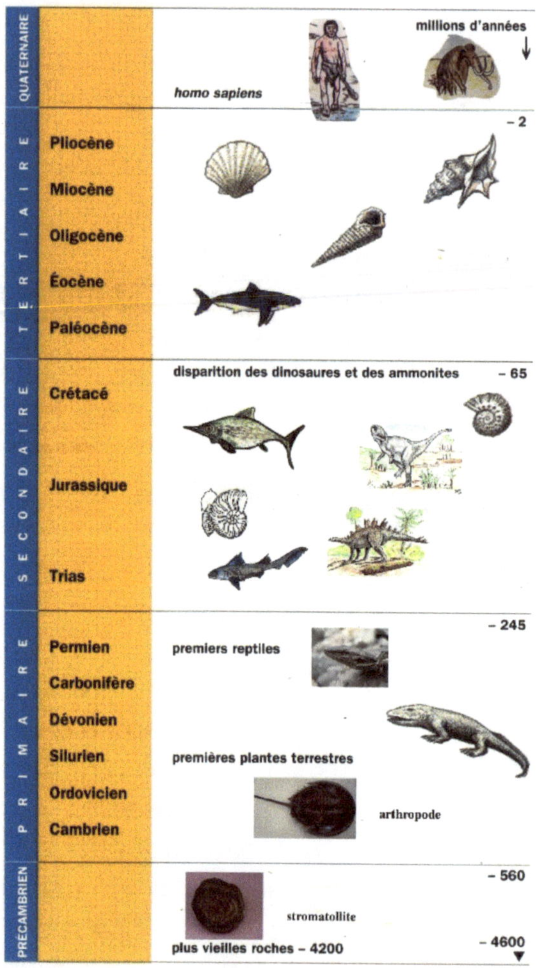

Tableau stratigraphique (d'après C. Sabouraud, 1991)

Les fossiles

Nature des fossiles

Les fossiles sont des restes d'animaux ou de plantes, traces d'activité ou empreintes, enfouis et conservés dans les couches sédimentaires de l'écorce terrestre : leur étude constitue la Paléontologie.

Formation des fossiles

Les fossiles bien que nombreux et variés, ne représentent qu'une infime partie des êtres ayant vécus sur la surface de notre globe. Il est tout à fait inhabituel que des organismes complets soient conservés. Les fossiles représentent en général, pour les animaux, les parties dures telles que les os, les coquilles ou les tests et pour les végétaux, les graines ou les parties ligneuses. Les parties molles se décomposent et sont très rarement conservées.

Les empreintes de pattes, les terriers et galeries d'animaux fouisseurs sont aussi des fossiles.

La majeure partie des fossiles représentent des animaux aquatiques car la préservation est généralement meilleure en milieu aqueux que sur terre. Les animaux et plantes terrestres ne sont souvent conservés que dans les sédiments accumulés par l'eau : fleuves ou lacs. Les cendres volcaniques, les sols gelés et les résines de conifères peuvent abriter des fossiles.

Histoire d'un fossile

L'histoire d'un fossile trouvé au pied des Falaises des Vaches Noires pourrait être celle de l'ammonite telle qu'elle est décrite ci-dessous de manière simplifiée.

Une ammonite vit dans une mer chaude pendant la période Jurassique

A la fin de sa vie, elle meurt et tombe au fond de la mer. Son corps mou se décompose.

Les sédiments, constitués d'éléments divers, argiles, sables, traces d'activité pénètrent dans la coquille vide puis l'ensevelissent. Cette phase peut durer des milliers d'années pendant lesquelles les sédiments se transforment en roche et la coquille se minéralise. C'est un fossile

L'histoire géologique continue et d'autres couches de roches se forment au-dessus. La région subit des mouvements et les terrains se soulèvent. L'érosion décape les reliefs. La roche affleure, laissant apparaître les fossiles qu'elle contient.

Enfin après des millions d'années et de nouvelles transformations du relief, la mer est revenue ; elle use la couche de sédiment et fait réapparaître les fossiles enfouis depuis des millions d'années. Ils seront sauvés avant d'être détruits par la mer si un amateur les ramasse.

Intérêt des fossiles

Témoins du passé

Leur étude a permis de découvrir l'histoire détaillée de l'évolution de nombreux animaux et végétaux.

Les fossiles apportent la seule preuve directe de la vie dans le passé et contribuent à l'interprétation des caractères anatomiques et à l'étude des liens de parenté entre les êtres vivants.

Les fossiles, témoins du temps passé, ont permis de reconstituer l'évolution de la vie sur notre planète aux différentes époques géologiques. Il existe des fossiles caractéristiques de période relativement courte et ayant une grande extension géographique qui permettent de dater un terrain avec précision sur toute l'étendue du globe. Ils sont appelés : fossiles stratigraphiques, comme les ammonites, les trilobites pour le Paléozoïque.

Indicateurs des milieux

Ils donnent des indications sur les conditions des milieux de vie (climat, température de l'eau, profondeur, salinité, milieu calme ou agité, lagunaire, oxygénation). Des fossiles qui vivent dans des conditions bien définies sont appelés fossiles de faciès ; les milieux récifaux constituent par exemple un faciès.

Les fossiles qu'il est possible de collecter

Les fossiles qu'il est possible de collecter le long des Falaises des Vaches Noires sont nombreux et variés ; il n'est pas possible de donner une liste exhaustive. Plusieurs des fossiles qui y ont été collectés sont devenus des échantillons de référence internationale.

Les exemples donnés ci-après permettent d'identifier quelques-uns des fossiles les plus communs le long des falaises des Vaches Noires ; les clichés et les explications qui les accompagnent permettront aux collectionneurs d'essayer d'identifier les récoltes faites au cours des promenades.

Les Mollusques - Bivalves, Gastéropodes et Céphalopodes -
sont les fossiles les plus abondants. Les Brachiopodes, les
Coraux, les Eponges et les tests d'Echinodermes sont
nombreux.

Les fossiles de vertébrés tels que les reptiles marins, les
Dinosaures et les poissons peuvent aussi être découverts mais
sont plus rares et isolés ; les vestiges sont des vertèbres, des os
de membres, des dents, des mâchoires et des crânes. La
présence de Dinosaures est un indicateur de la proximité de
terres émergées.

L'accès aux pentes des falaises est interdit. Le ramassage des
fossiles y est également prohibé ; en revanche la récolte est
possible sur la plage.

Les Mollusques

Les mollusques (du latin mollis = souple, tendre, mou) sont
des invertébrés à corps mou, habituellement couvert d'une
coquille uni ou bivalve, qui forment l'un des plus grands
embranchements du règne animal avec quelques 117 358
espèces vivantes et environ 35 000 espèces fossiles.

C'est la classe d'animaux la plus importante au point de vue
du nombre et de la diversité des fossiles.

Les Bivalves

Les bivalves sont des mollusques qui ont deux coquilles
dures, appelées valves, articulées et attachées, plus ou moins
symétriques, pouvant s'ouvrir ou se refermer entourant le
corps mou.

Les Bivalves sont les coquillages vivants les plus abondants sur la plage entre Houlgate et Villers-sur-Mer. Au gré des marées, les coques et les flions très recherchés par les pêcheurs à pied, peuplent les grandes étendues sableuses. La famille des Bivalves compte environ 12 000 espèces vivantes. Les coques, les couteaux, les huîtres et les moules sont des mollusques bivalves actuels. Ils sont biens représentés à l'état de fossiles ; seules les parties dures les valves, sont conservées. Certains, comme les huîtres, vivaient fixés en permanence sur le fond marin, d'autres s'enfouissaient profondément dans le sédiment.

Les plus fréquents le long des falaises sont présentés ci-après.

« Gryphaea », proche de l'huître ayant vécu du Jurassique inférieur au Crétacé.

Gryphaea (Bilobissa) dilatata variété gryphaeata

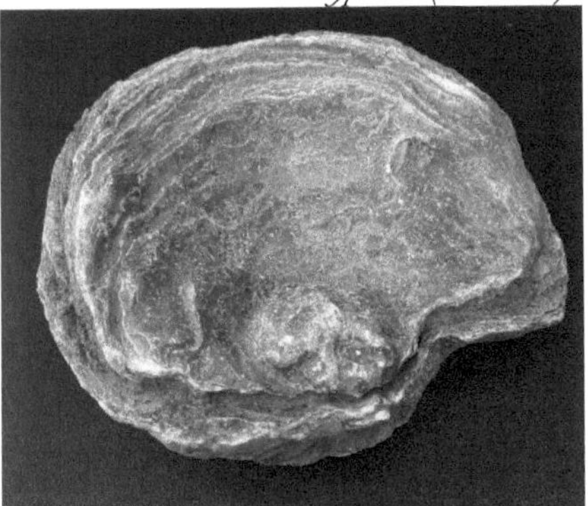
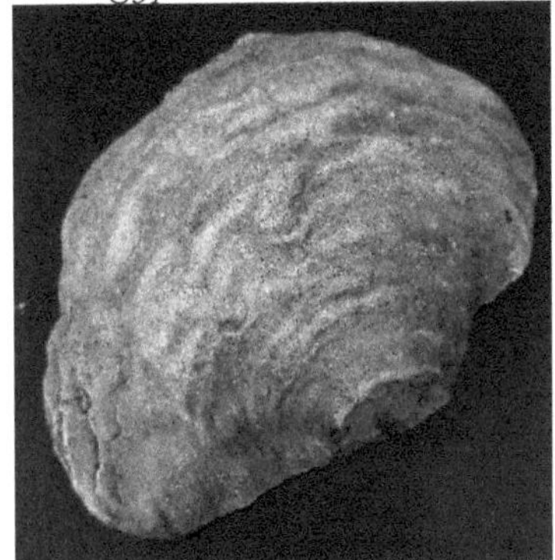

Gryphaea (Bilobissa) dilatata variété moreana

Actinostreon gregareum plus connu sous le nom de « *Lopha gregarea* » de la famille des Ostréidés ayant vécu au Jurassique.

Lopha (Actinostreon) marshii

Actinostreon gregareum

Plaque de « Lopha gregarea »

Trigonia et Myophorella sont deux bivalves de la même famille, les Trigoniidae, formant des accumulations dans certains niveaux des Calcaires d'Auberville, blocs gisant au pied des falaises.

La coquille de *Trigonia* est caractérisée par des côtes concentriques régulières et tranchantes.

Celle des *Myophorella* est ornée de côtes peu marquées richement tuberculées.

Myophorella sp

Trigonia elongata

La moule fossile - Famille MYTILIDAE- est assez fréquente.

Modiolus bipartitus

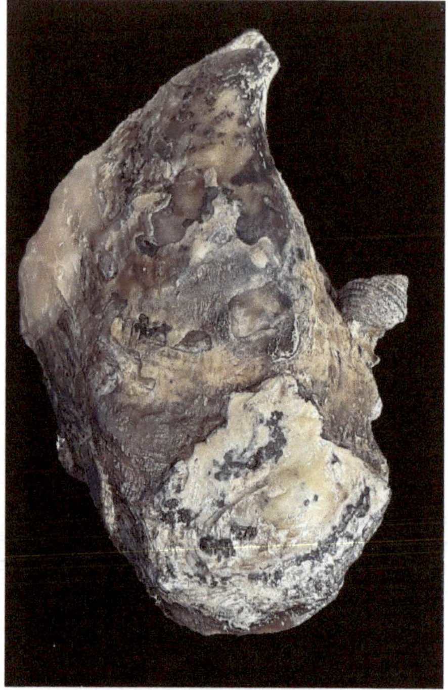

Isognomon promytiloides.. *Un
gastéropode est attaché sur la coquille*

« Panope » voisine de « Panopea » deshayesea

Pholadomya aequalis (syn. : P. decemcostata

Pholadomya

Pleuromya uniformis

Chlamys

Merklinia aspera

Gervilia aviculoides

Gervila, Moule, Myophorella sur le même bloc

Les Gastéropodes

Les Gastéropodes sont des mollusques qui, en règle générale, possèdent une coquille conique, spirale ou hélicoïdale. Les exemples actuels communs sont les escargots, les limaces et les patelles. Les genres les plus communément fossilisés vivaient dans la mer. Certains ont une langue râpeuse appelée radula qui leur permet de perforer la coquille des autres mollusques.

La coquille protège les organes internes. La plus ancienne forme, la planispiralée en deux dimensions, remonte à environ 510 millions d'années. La forme à cône spiralé enroulée sur trois dimensions apparaît au début de l'Ordovicien il y a 485 millions d'années. Cette forme spiralée rend la coquille plus solide. Le corps a suivi cette spirale pour se tordre probablement déjà à l'Ordovicien-Silurien tout comme aujourd'hui.

Les gastéropodes possèdent de nombreux organes : des yeux, des branchies, un pied formant une sole de reptation, un cœur à deux chambres.

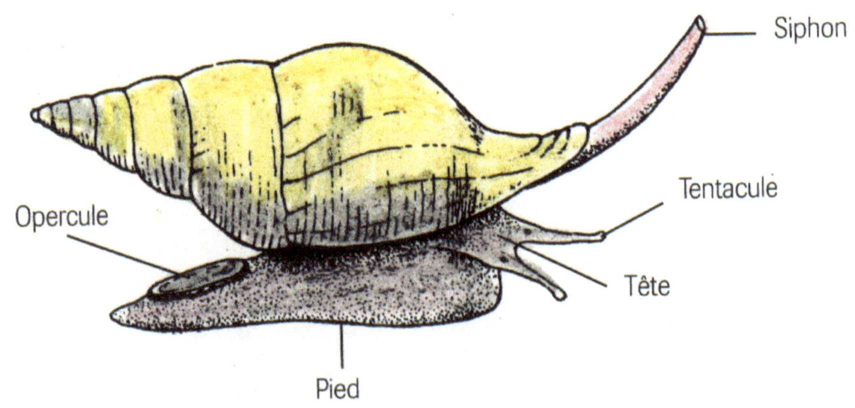

Anatomie d'un Gastéropode (dessin de F. Hébert

Procerithium millepunctatum (Callovien supérieur – Oxfordien inférieur)

Pleurotomaria munsteri

Conotomaria mailleana (Cénomanien inférieur)

Pleurotomariidae

Ooliticia meriani (Callovien supérieur – Oxfordien inférieur)

Natica gaultina (Albien)

Les Céphalopodes

Le calmar, la seiche, le poulpe et le nautile sont des Céphalopodes actuels. Deux groupes sont éteints à la fin du Crétacé : les ammonites et les bélemnites.

Les Ammonites

Le nom ammonite vient du dieu égyptien Ammon dont les représentations étaient ornées de cornes de bélier. Le nom de nombreuses ammonites se terminent par « ceras » de « keras » en grec qui signifie corne.

Il existe des milliers d'espèces d'ammonites comprenant un grand nombre d'individus. Il est possible d'en trouver dans de nombreux pays. Plusieurs espèces trouvées dans les Falaises des Vaches Noires sont des références mondiales. Identifier avec précision une ammonite n'est pas une chose aisée. La notion d'espèce est fondée sur des critères d'interfécondité ; la question à se poser est, pour une même époque, où s'arrête la différence entre individus et où commence la différence entre une espèce et une autre. Certaines espèces peuvent avoir une grande variabilité.

Leur taille peut varier de quelques centimètres à plus deux mètres.

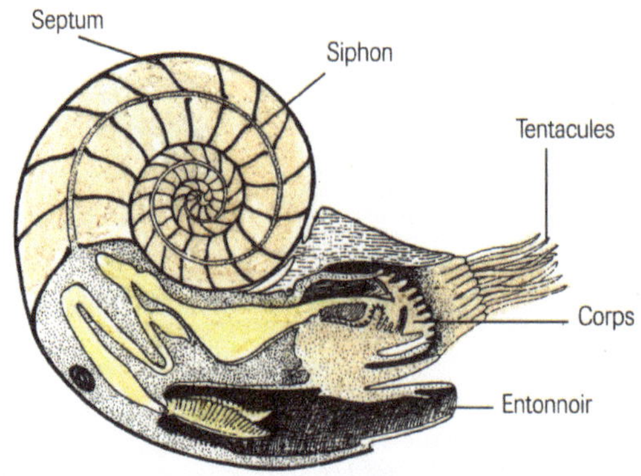

Reconstitution d'un Nautile (dessin de F. Hébert)

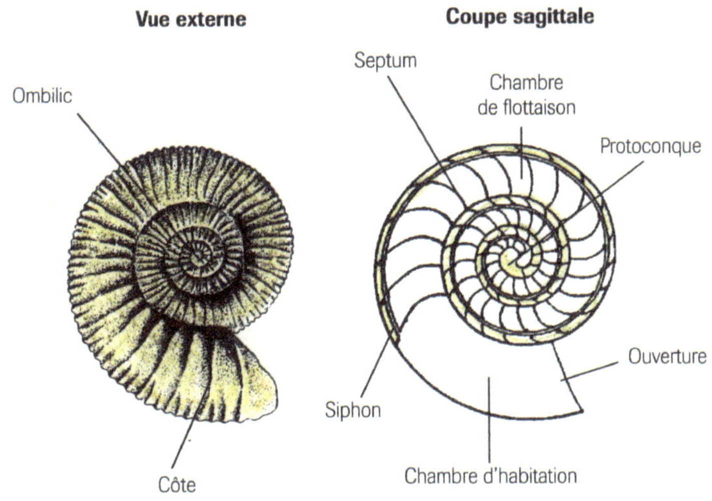

Structure d'une ammonite

Cardioceratidae

Goliathiceras sp. (Oxfordien inférieur)

Cardioceras sp. (Oxfordien inférieur)

Autres amonites

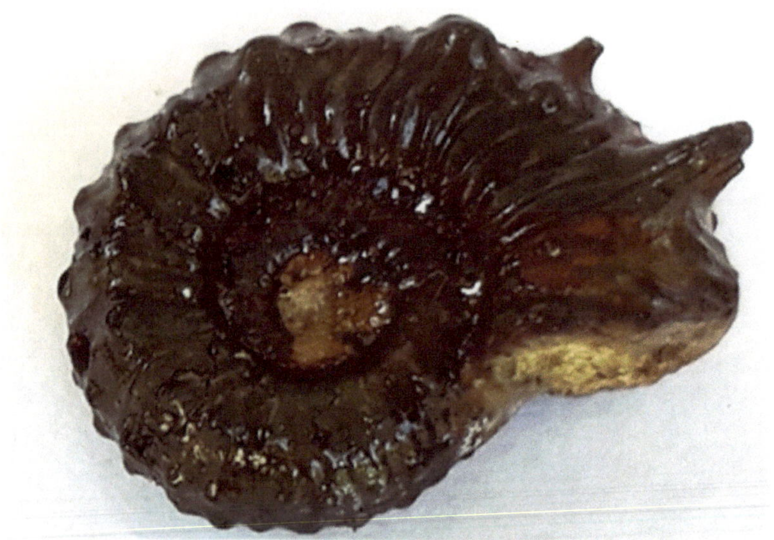

Kosmoceras sp. (Callovien supérieur)

Peltoceras

Pachyceras

Euaspidoceras

Nautile

Les Bélemnites

Les Bélemnites sont un groupe de mollusques fossiles du Secondaire.

Les Belemnites tirent leur nom du mot grec « belemnon » signifiant dard ou javelot.

La partie dure de l'animal est appelée rostre, un cylindre fuselé de calcite en forme de balle de fusil. On n'en retrouve généralement que le rostre.

Les rostres fossilisés ont été largement considérés, dans l'antiquité, comme ayant été jetés comme des fléchettes de foudre pendant les orages.

Il est fréquent le long des falaises.

On pense que l'animal était trois fois plus grand que son rostre.

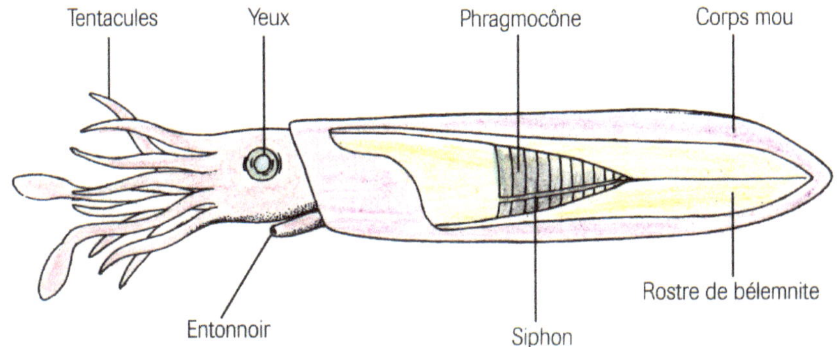

Anatomie d'une Bélemnite (dessin F Hébert)

Rostres de Bélemnite

Les Spongiaires ou éponges

Les éponges ou spongiaires sont des animaux marins multicellulaires simples dont les parois possèdent de très nombreux petits pores qui servent à faire passer l'eau dans leur corps.

Les Spongiaires peuvent avoir un squelette soit siliceux soit calcaire. Ils se nourrissent de plancton et de particules organiques détritiques.

Les fossiles d'éponges sont très abondants dans le Crétacé des falaises des Vaches Noires.

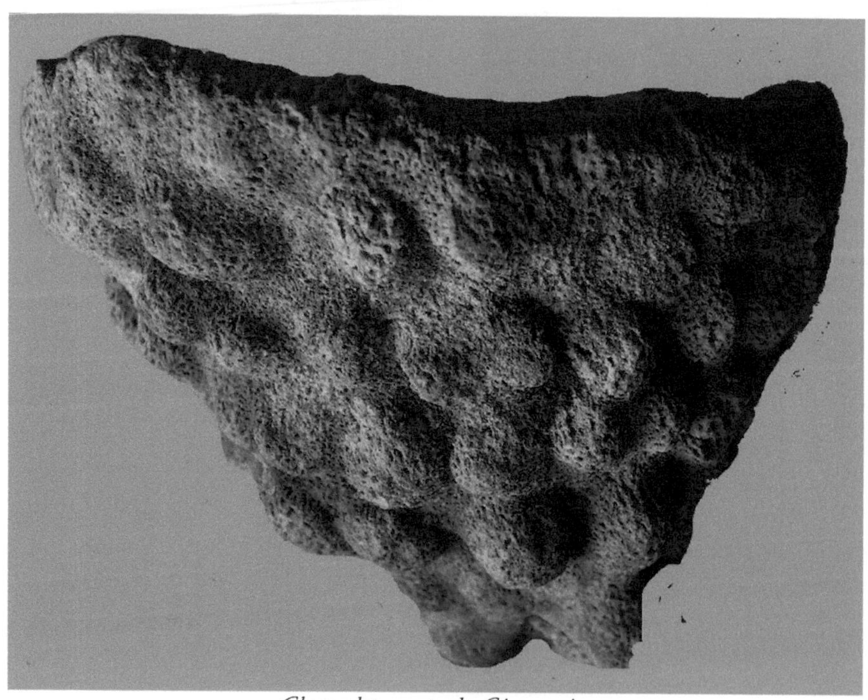

Chenendopora sp. du Cénomanien

Quelques éponges siliceuses du Crétacé

Hallirhoa costata

Autre éponge

Les Coraux

Les Coraux comprennent un animal à corps mou (polype) qui vit dans un squelette calcaire (corallum). Seul le squelette se trouve sous forme fossile.

Les Coraux forment des colonies qui peuvent construire des récifs d'importance variable allant à quelques bouquets de dimension métrique à une barrière visible de l'espace. Ils ne vivent que dans des mers chaudes bien oxygénées. Les coraux bâtisseurs de récifs préfèrent des profondeurs d'eau inférieures à 10-20 mètres et des températures entre 25 et 29 degrés Celsius. Il y a 150 millions d'années, une mer chaude recouvrait la Normandie, c'est ce qui a permis le développement de petits récifs de Coraux.

A partir de coraux fossiles, les scientifiques ont pu déterminer qu'au Cambrien, l'année durait environ 424 jours de 20 heures.

Thecosmilia annularis

Isatrea hélanthoides

Thecosmilia annularis (Oxfordien moyen)

Holcospongia floriceps (Oxfordien inférieur)

Plocoscyphia méandrina (Cénomanien)

Les Bryozoaires

Ces animaux aquatiques vivant toujours en colonies, ressemblent à des mousses, d'où leur nom « animaux-mousses ».

Les colonies peuvent être, selon les espèces, plates ou arborescentes avec des formes variées ; ils n'ont ni appareil circulatoire, ni appareil respiratoire ni appareil excréteur. Les échanges gazeux se font à travers les tissus. Le système nerveux est simple.

Bryozoaire actuel

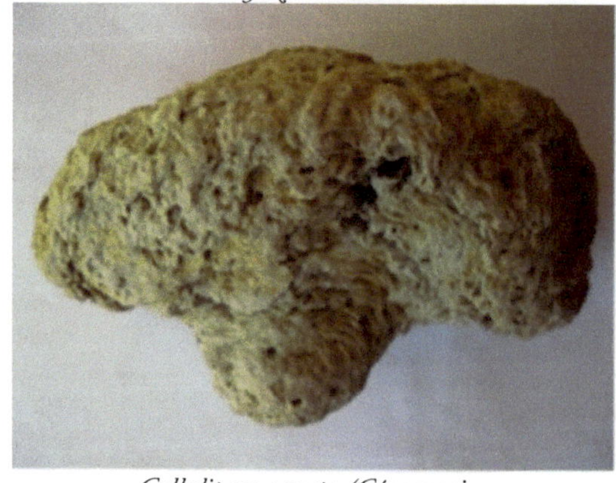

Cellulipora ornata (Cénomanien

Les Brachiopodes

Les brachiopodes sont des organismes exclusivement marins recouverts d'une coquille et qui ressemblent aux bivalves dans le sens qu'ils sont de taille similaire et possèdent une coquille composée de deux valves. La ressemblance entre ces animaux vient seulement de leurs modes de vie proches. Les brachiopodes sont aujourd'hui nettement moins courants que les bivalves.

Ces deux groupes ont une coquille composée de deux valves, mais organisée de manière différente. Ainsi, chez les brachiopodes, les deux valves sont positionnées sur les faces ventrale et dorsale, tandis qu'elles sont placées d'un côté et de l'autre chez les bivalves, et sont généralement symétriques. Les brachiopodes ont par ailleurs un lophophore, un organe rigide cilié enroulé particulièrement bien adapté à l'alimentation par filtration de l'eau. La coquille des brachiopodes est souvent constituée de chitine et de carbonate de calcium ou de phosphate de calcium, tandis que celle des bivalves est uniquement composée de carbonate de calcium.

Bien que ressemblant à des Bivalves, leur coquille se compose de deux valves de formes et de tailles différentes : une valve dorsale (ou brachiale) plus petite et une valve ventrale (ou pédonculaire) plus grande. C'est cette dernière qui est munie d'un crochet perforé. L'animal possède un pédoncule flexible sortant de la valve ventrale qui le fixe au substrat et il s'oriente souvent la face ventrale vers le haut.

Au cours de votre promenade, vous avez plus de chance de rencontrer un brachiopode fossile que vivant. En effet, la plupart des représentants actuels vivent en eau profonde, parfois jusqu'à - 1 300 m.

Cyclothyris compressa

Gallienneithyris

Vue latérale   Vue frontale

Descriptif d'une coquille de Brachiopode (dessin F. Hébert)

Les Echinodermes

Cette classe contient les oursins bien connus pour leurs tests couverts de piquants, les étoiles de mer, les crinoïdes (Lys de mer), les holothuries et les ophiures.

Ce sont des invertébrés de forme arrondie au corps recouvert de piquants appelés radioles.

Les espèces d'oursins actuels les plus communes dans la laisse de mer sont :

L'oursin des sables (Echinocardium cordatum

l'oursin vert (Psammechinus miliaris)

Paracidaris florigemma

Holaster sp

Autres radioles d'oursins

Hemiaster bufo (Cénomanien inférieur)

Des oursins sont adaptés à la vie sur fond rocheux à profondeur variable alors que d'autres vivent sur fond sablonneux enfouis à faible profondeur. Ils ont des pièces squelettiques calcaires plus ou moins développées. Généralement, le test seul est conservé, mais il est aussi possible de trouver quelques épines fossilisées.

Nucleolites scutatus (Oxfordien moyen)

Tetragramma variolare (Cénomanien inférieur)

Les crinoïdes

Les Crinoïdes sont des animaux marins. Ils forment la classe des "Crinoïdea", subdivision de l'embranchement des Echinodermes (Echinodermata).

Coupes de tiges et fragments de tiges de crinoïdes

Les Crinoïdes doivent leur nom de "Lys de mer" à leur morphologie rappelant celle d'un végétal. Le nom Crinoïde vient du Grec "krinon = lys" et "eidos = en forme". Les Crinoïdes sont composés en général d'un pédoncule (tige) et d'un calice couronné de cinq bras préhensiles. La tige pouvant atteindre plusieurs mètres avec des appendices en forme de racines ou, plus rarement, en forme d'ancres permettant de se fixer au fond marin ou sur un autre support pour les espèces non sédentaires. Au bout de cette tige se trouve un calice muni d'un nombre variable de longs bras. L'ensemble « calice+bras » forme la couronne du Crinoïde.

Les tiges possèdent un squelette calcaire articulé composé de nombreux ossicules de forme circulaire ou pentagonale avec un canal central.

La tige est souvent la partie des Crinoïdes qui se fossilise le mieux.

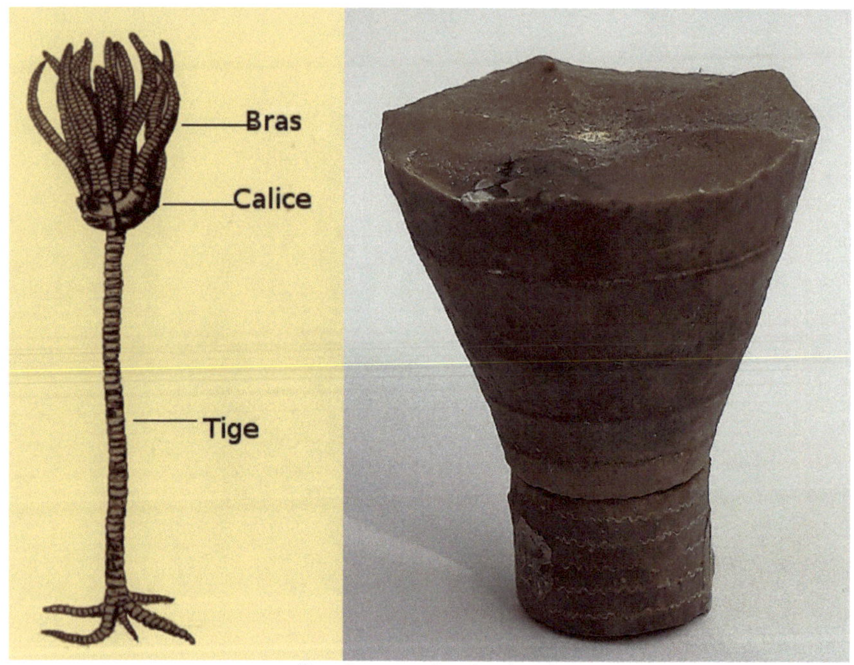

Squelette et calice de crinoïde

Les Crustacés

Ce sont des animaux dont le corps est revêtu d'un exosquelette appelé exocuticule et souvent imprégné de carbonate de calcium. Cette forme de carapace est plus ou moins rigide, sauf en certaines zones qui demeurent souples et permettent l'articulation des différentes parties du corps

Fragment de pince de crustacé

Les crustacés sont généralement assez fragmentaires et correspondent à des restes isolés.

Les serpules

Les serpules sont des tubes sécrétés par des vers.(annélides polychètes). C'est un tube calcaire formant des boucles et des spirales construit par un ver benthique dans lequel il logeait. Ces tubes à section circulaire, de diamètre de 1,5mm à 25mm peuvent atteindre jusqu'à 70mm de long. Ils sont très souvent attachés sur un fossile.

Exemples de serpules

Serpules déposées sur des coquilles de fossiles

Les Vertébrés

Poissons, amphibiens, reptiles, oiseaux ou mammifères, les vertébrés ont un squelette interne composé d'os et de cartilages. Les squelettes fossiles sont rares et la détermination des espèces repose souvent sur les dents ou les os.

Les reptiles marins

Les Ichtyosaures

Les Ichtyosaures « lézards-poissons » étaient parfaitement adaptés à la vie marine. Ils possèdent un corps hydrodynamique et deux paires de nageoires. Ils se nourrissaient de poissons et de bélemnites. Ils ne pondaient pas d'œufs mais accouchaient de progénitures vivantes.
Dans les Vaches Noires, ses restes squelettiques se trouvent le plus souvent dans les couches jurassiques et plus rare dans le Crétacé.

Reconstitution d'un Ichtyosaure (Dessin de François Hébert)

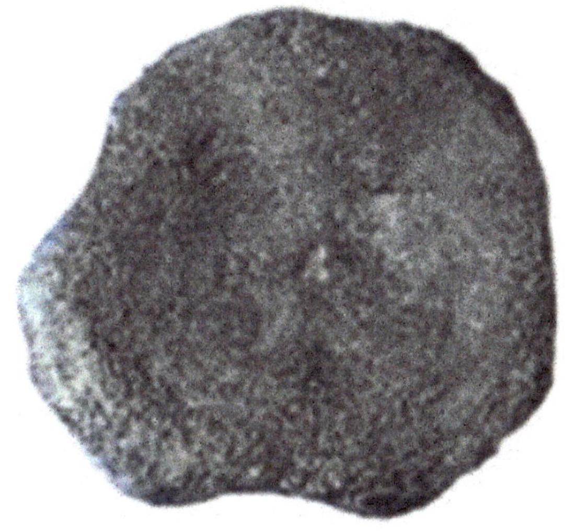

Vertèbre

Les Plésiosaures

L'apparition des Plésiosaures « proches du lézard » date du Trias supérieur. On distingue les genres à long cou et à petite tête (*Plesiosaurus*) et les genres à petit cou et grosse tête (*Pliosaurus*).

Reconstitution d'un Plésiosaure (Dessin de François Hébert)

Reconstitution d'un Pliosaure (vue d'artiste – F Collin)

Vertèbre et Dent de Pliosaure

Pouvant atteindre 5 mètres de long pour les Plésiosaures et 16 mètres pour les Pliosaures, ces carnivores avaient une gueule garnie de dents puissantes et acérées ; ils dévoraient poissons, ammonites et crustacés.

L'étude détaillée des Plésiosaures a démontré que leurs nageoires étaient actionnées verticalement comme les rames d'un bateau.

Les Crocodiliens

Abondant en Normandie, le genre *Metriorhynchus* est un des Crocodiliens les mieux représentés dans les couches locales de la période Jurassique. Ce crocodilien était bien adapté à la vie marine. Dans le site des Vaches Noires, il a été trouvé quatre espèces.

Les *Metriorhynchus* ne sont pas les seuls représentant des Crocodiliens à être présent dans les couches jurassiques, le *Steneosaurus* était un genre fréquentant la bordure littorale. Tous ces reptiles marins ont disparu à la fin du Crétacé, en même temps que les ammonites et les bélemnites, il y a environ 65 millions d'années.

Les plus beaux spécimens sont dans les collections privées.

Reconstitution d'un Metriorhynchus (Dessin de François Hébert)

Vertèbre

Crâne et fémur de Metriorhynchus moreli

Les Dinosaures

La plupart des restes de Dinosaures de Normandie ont été découverts dans les falaises des Vaches Noires. Depuis le siècle dernier, on a pu en récolter un certain nombre. Les recherches actives menées aujourd'hui par divers paléontologues amateurs font qu'il ne se passe guère une année sans qu'un os de Dinosaure y soit découvert.

Le niveau le plus connu est les Marnes de Dives du Callovien. Des restes de Dinosaures en provenance des falaises des Vaches Noires se trouvent dans diverses collections en France et à l'étranger.

La plupart des restes de Dinosaures appartient à des Théropodes, c'est-à-dire à des dinosaures carnivores.

Il s'agit de cadavres transportés par les courants marins car les Dinosaures sont des Reptiles uniquement terrestres.

Les spécimens les plus intéressants sont les extrémités de fémur les éléments de crâne et les vertèbres.

La partie postérieure d'un crâne de taille respectable fut signalée pour la première fois en 1923 par le professeur Piveteau et décrit en 1977 notamment par le professeur Taquet.

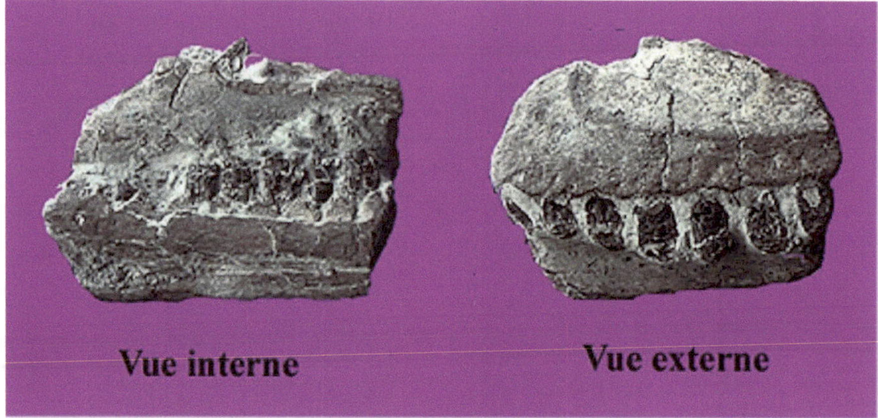

Un fragment de mâchoire d'Allosaure est découvert en octobre 2002 par un couple de membres de l'Association Géo Paléo Archéo de Houlgate.

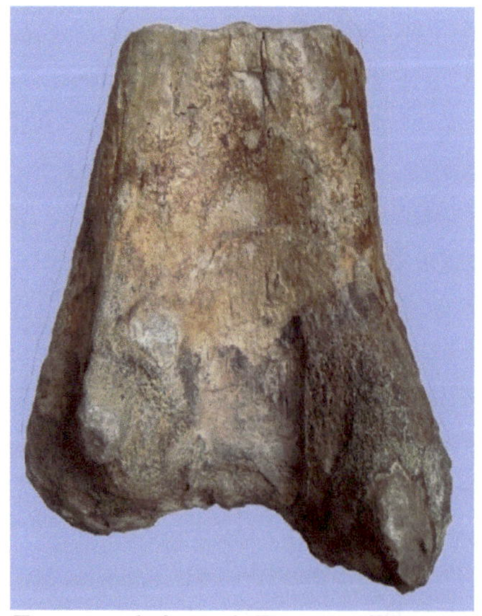

Extrémité de fémur de Dinosaure Théropode

Une phalange de théropode

Il y a des jours où le paléontologue amateur est agréablement surpris par sa découverte. Au hasard d'une promenade le long des falaises des Vaches Noires, une après-midi d'automne, François remarque un curieux morceau de pierre arrondi dépassant de la marne. Il déterre d'une couche marneuse un curieux caillou ; en le prenant dans la main, il constate que la densité est très élevée. Après nettoyage, d'après sa forme, il devient évident qu'il s'agit d'un gros os fossile provenant d'une articulation.

Malgré de longues recherches au voisinage, il n'a pas été possible de trouver d'autres restes fossilisés de dinosaure ; il semble qu'il s'agit d'un fossile isolé. D'après Thierry Rebours, consulté, il apparait qu'il s'agit de la phalange d'un doigt du pied d'un théropode de grande taille.

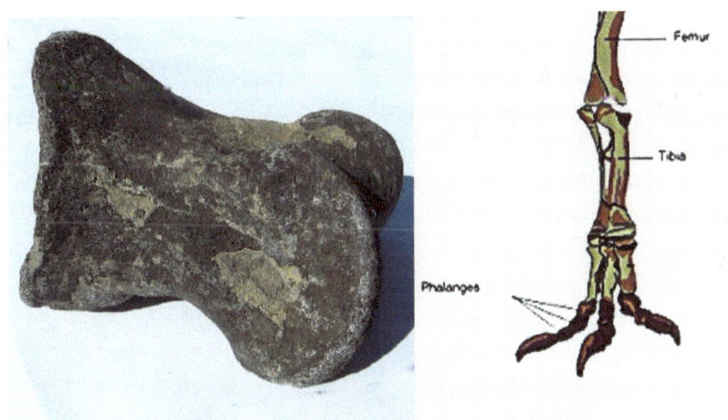

La découverte (François Collin et Thierry Rebours)

Reconstitution d'un théropode (vue d'artiste – F Collin)

Les Poissons

Dans les formations jurassiques et crétacées des falaises des Vaches Noires, de nombreux poissons ont laissé des restes squelettiques : dents de requins, crânes de poissons osseux, éléments de coelacanthe (poisson à nageoires charnues), des os triangulaires correspondant aux arcs brachiaux d'un poisson de 20 mètres de long se nourrissant de plancton appelé Leedsichthys.

Reconstitution d'un Pycnodonte (Dessin de François Hébert)

Pavé dentaire de Pycnodus

Crâne de poisson fossile : Mesturus

Ces poissons fossiles possédaient des dents en forme de galets qui leur servaient à broyer des coquillages dont ils se nourrissaient.

Dent d'Asteracanthus

Reconstitution d'un requin Asteracanthus (Dessin de François Hébert)

Les Végétaux

Il y a moins d'espèces végétales qu'animales et la majeure partie des grandes plantes sont terrestres.

Le bois fossile ci-après, trouvé dans les Falaises des Vaches noires, a été imprégné et minéralisé par la silice ($Si\ O_2$). Ce morceau de tronc d'arbre silicifié montre des galeries percées dans le bois par des organismes marins et remplies postérieurement par des sables. Ces bois fossilisés sont fréquents à la base des dépôts crétacés, à la partie supérieure de la falaise.

Les débris de bois flottés et les spores trouvés dans les formations jurassiques traduisent la proximité des terres émergées armoricaines.

Bois silicifié du Crétacé

Conclusion

Les fossiles témoins de l'histoire de la vie offrent un objet passionnant d'intérêt et d'étude aux hommes.
Les Vaches Noires sont un véritable gisement de fossiles. Sans cesse travaillées par le ressac, les falaises lâchent des blocs de pierres qui éclatent sur la plage, offrant au promeneur une moisson d'ammonites, de bivalves et autres ossements de dinosaures qu'on peut ramasser à condition qu'ils gisent sur le sol, sur l'estran.
Une collection doit servir à faire évoluer la paléontologie aussi ne la gardez pas cachée mais faites en profiter tous ceux qui pourraient améliorer leurs connaissances et leurs études grâce aux données que vous pourrez leur fournir.

N'hésitez pas à vous adresser à l'Association Géo Paléo Archéo de Houlgate (AGPAH) qui pourra vous aider à identifier vos trouvailles Mairie de Houlgate, 14540 Houlgate l'Office du Tourisme tél. : 02 31 24 34 79.

Vous pouvez aussi me contacter en consultant le site :
www.bonslivres.fr

Ce guide donne un aperçu de ce qu'il est possible de découvrir ; pour en connaître plus sur les fossiles, l'acquisition d'ouvrages spécialisés est nécessaire.

Il est rappelé que le ramassage des fossiles n'est permis que sur la plage.

Remerciements

Thierry Rebours
François Hébert

Crédits iconographique

Les auteurs des photographies sont François Collin, Françoise Hébert et Thierry Rebours

Du même auteur

Manuel de l'Internet (Hermès Sciences)
Internet Mode d'emploi (Amazon)

Co-auteur avec Françoise Hébert et Thierry Rebours

Falaises des Vaches Noires
Dinosaures et autres reptiles de Normandie
Falaises des confessionnaux
Falaises des roches Noires
Quintefeuille, la forêt engloutie sous la mer
La falaise des Hachettes
Les Demoiselles de Fontenailles

Circuit géologique et paléontologique dans l'Anti-Atlas au Maroc

Co-auteur

Windows NT4.0 Server (Mac Millan)

www.ingramcontent.com/pod-product-compliance
Lightning Source LLC
Chambersburg PA
CBHW040225240726
48664CB00001B/17